Francisco de la Escalera

POEMAS
RELÁMPAGOS

SEGUNDA EDICIÓN

MANILA

Estab. Tipo-litográfico del «Diario de Manila»
Magallanes, y y Sucursal: Escolta, 12
1897

¿PRÓLOGO?

—

Nunca, que no gusto de encomios obligados: si el librillo agrada, ya me lo participarán los críticos y los libreros; si desagrada, ya me lo demandarán los mismos. Adviértote, lector, que mis versos, no son versos sublimes, sino versos vulgares; cosa no digna de estrañeza á bien seguro, puesto que se trata de un modesto cantor que sólo sabe tararear; de un cantor que tiene por lira un pobre guitarro de baratillo, ó, lo más, una mala vihuela: ¡con que no te llames á engaño!

PASIONARIO.

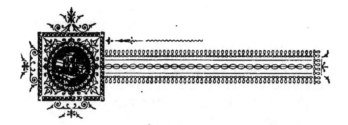

I

—¡He de luchar por merecerla!—dijo,
puesto que con locura la adoraba;
y sin ver otro objeto
que el de lograr sus amorosas ansias,
se dedicó al estudio de tal modo
que las horas que el tiempo le brindaba,
buscando la equidad, las repartía
en esta forma singular y extraña:
siete, al amor; para el estudio, doce;
al sueño, cinco; á diversiones, nada.

II

Y juntando á su amor y á sus proyectos
un caudal asombroso de constancia,
consiguió Pedro ser en la Academia

el modelo de alumnos que estudiaban
y en Toledo y su radio á la redonda,
también modelo entre los novios que aman.
   ¡Y cuántas veces al soñar veía
todas sus ilusiones coronadas!
ser militar... subir como la espuma...
hacer por distinguirse, ir á campaña...
casarse con su Rosa y regalarle
para adornar su nido de esperanzas,
una hermosa corona de laureles
ganados en el campo de batalla
y entre porción de honrosas distinciones,
la Cruz de San Fernando laureada.
Todo esto Pedro, lo encontraba fácil
contando los alientos que contaba;
veía en sus delirios de sonámbulo
un tálamo de amores y de galas,
exornado de honores, risas, besos,
flores, dicha, cariño, luces, gasas...
—¿Cómo no conseguirlo! ¿acaso el hombre
no significa en la existencia nada?
¿és que hizo Dios al hombre como adorno,
como se hace una estátua?
oh, no; eso no, puesto que somos feos
y los adornos feos, no hacen falta.
¡Es preciso brillar! ..—Y así pensando
el pobre Pedro al delirar gozaba
y para hacer castillos en el aire
pocas le fueran veinte mil barajas.

III

— Rosa...! cuánto te adoro!... Estoy seguro
que si el que más amó resucitara,
aunque fuese Romeo el amoroso
que rompiera su lápida,
se volviera á la tumba avergonzado
de ver la idolatría de mi alma!—
Y lo decía, no como el viviente
que persigue su fin con frases faisas,
sino tan poseido de su afecto,
con tan ciertas palabras,
como el arrepentido que confiesa,
como el agonizante que declara.
—Mira; te los diré... Gratos proyectos
estos proyectos que mi mente fragua;
mi idea es terminar en mis estudios,
salir de la Academia y de las aulas
y casarme enseguida, y al momento,
llevándote á mi lado, irnos de España
y buscar otra escena más grandiosa
para el grandioso amor de nuestras almas...
El cielo... el mar... la inmensidad del mundo...
Por sólio, el cielo diáfano; por gasa,
la melena del sol; por lecho digno,
las turbulentas aguas...
Después, ir á las guerras coloniales,
desgajar el honor de entre las balas

y ponerlo á tus pies como tributo
para que poses tu preciosa planta,
como una alfombra régia inestimable,
digna de mi bendita soberana! —

IV

Y convirtiendo su genial delirio
en bella profecía, su esperanza
logró Pedro empezar á percibirla
conforme la tenía imaginada:
Terminó él la carrera. Rosa y Pedro
unieron sus destinos y sus almas
y, en el primer vapor, á Filipinas
emprendieron la marcha.
...Y que se mezclarían me supongo
en extraño sabor y unión extraña,
una luna de miel dulce, muy dulce
y una mar muy salada, muy salada...

V

Cuando desembarcaron, ya la guerra
sobre traidores campos se libraba;
—¿dónde baten más duro?—dijo Pedro;
y cuando tuvo solución buscada,
tanto instó al general, que le dió un sitio
en el setenta y tres, como una gracia.

VI

—Rosa, ¿qué haces ahí? qué es lo que escondes?
¡te turbas! —dijo Pedro.—Y azorada
cerró el estuche, se guardó la llave
y recobrando aplomo y confianza,
—¡quieto!—dijo riendo;—es un regalo
para cuando regreses de campaña.
—¿De veras? —contestóle él presuroso.
—¿Acaso dudarás de mis palabras?
—¿Juras?
       —¡Por nuestro amor!
            —¡Bendita seas!—
Posó un beso en el rostro de su amada
y cuando el eco se perdió en el aire,
se difumó la nube sin borrasca...
aunque en el corazón del pasionario
quedó una chispa eléctrica guardada,
minando como un cáncer sus afectos;
quemando el pararrayos de su alma.

VII

Es de noche... Ella duerme... Pedro acecha...
Él sigilosamente se levanta
y no pudiendo contener sus dudas
coge el estuche aquel que ella guardaba

y decidido al todo por el todo,
le hace saltar la tapa.
¡Sorpresa! ¿qué descubre? ¡son papeles!
¡un paquete de cartas!...

Las abre; ¡letra de hombre!... lee lloroso,
con delirio, con ansia
y diciendo—¡maldita, me has matado!—
las destroza con rabia.

Eran citas de amor, de varios hombres,
de fechas atrasadas,...
¡todas tenian notas injuriosas
y frases pornográficas!

—¡Ah, impura! ¡me has vendido!
con tu asqueroso cuerpo comerciabas
y el aceptar mi amor, fué por negocio,
fué comerciando con mi honor sin mancha!—

Y como si se hallase poseido
de furiosa locura, fué á la cama
y armado de un puñal de la panoplia
la mano alzó sobre su Rosa amada...

...Y no teniendo fuerza para el crimen,
llorando el pobre abandonó la estancia,
por que si era felíz entre su sueño,
¡él no quiso impedir que ella soñara!

VIII

. . . .

Allá va la columna; el sol de lleno

miles de rayos en tropel derrama,
quiébranse en los guijarros del camino
y abren greca de luz bajo las zarzas;
echa la tierra emanación de fiebre,
en el aire hay atmósfera de fragua
y solo de la umbrosa cordillera
sale á intervalos la frescura en rachas.
Allá va la columna; lentamente
sigue en silencio la penosa marcha,
ora por la pelada sementera,
ora por entre espinos y entre matas;
verdes tallos de *cogon* por la izquierda
cerrando el horizonte se levantan
é impide en parte por delante el paso
boscaje espeso de movibles cañas.
Allá va la columna; los valientes,
fija en las espesuras la mirada,
caminan angustiados de impaciencia
despreciando el calor que les abrasa,
la sed que les acosa y les domina
y el hambre que hace presa en sus entrañas;
cruzan los que flanquean al cuidado
de enemigas y viles asechanzas
y buscan y escudriñan en silencio
un enemigo franco que no hallan,
¡por que los enemigos de Cavite,
no tienen... pechos para dar la cara!
 ¿Y las guerrillas? siguen; van delante,
métense en la espesura desplegadas

2

y van ansiosas, sin pegar un tiro,
como un puñado de héroes de la Pátria,
que llevan el propósito sublime
de arrancar á los pérfidos el alma,
de coger á la gloria sus laureles
y quitar á la muerte su guadaña.
Avanzan sin cesar; ya transpusieron
el collado, la cumbre, la cañada;
ahora se hallan un rio que vadean
sin detenerse ni á beber el agua,
venciendo ante la fuerza del suplicio,
sin ver ni oir que la materia clama,
conteniendo la sed que les retuesta
la lengua, el paladar y las entrañas...
y semejando, al vadear el líquido,
una cohorte de Tántalos que pasa.
    Allí va el pobre Pedro: en la guerrilla
mandando la vanguardia;
va como si estuviera paseando
sobre el entarimado de su casa.
    —Honor, honor...—deduce—estás delante...
la deshonra, á la espalda...
¡para qué quiero cruces ni laureles
si me los pisotean en el alma!—
    Y viendo de repente una trinchera
que el paso les cortaba,
echó á correr hácia el temible fuerte
mientras repercutía una descarga.
    ¡Ileso!... sí; prosigue... marcha solo,

valeroso, gentil, con arrogancia;
echa tras él, sin toque, la guerrilla
y entre una nube de traidoras balas,
saltan, los que llegaron, la trinchera,
líbrase á bayoneta la batalla
y cuando los triunfantes guerrilleros
prorrumpieron en vítores á España,
Pedro caía ante el terrible empuje
de un bote de metralla...
—¡Oh, mi teniente muerto!—dice un bravo; —
¡he de vengarle con horrible saña! —
y cuando disponíase á lanzarse
con fiero arrojo á las vencidas masas,
Pedro, que hizo un esfuerzo agonizando, ·
dijo, arrojando sangre á bocanadas:
— Deja... no los persigas... no son ellos...
¡es ella... desde allí.. la que me mata!—
...Y cuando en estertór lanzó un suspiro
con los últimos ecos de su alma...
dió un beso al aire, dedicado á ella...
y espiró como un pájaro que acaba.

EL ANGEL NEGRO

I

Él aunque joven en edad, en vícios,
era un Matusalén; sus cortos años
los pasó en el gran mundo,
cogiendo por amores desengaños
y hallando por pureza desperdicios;
por eso, penetrado de que todo
tiene en la tierra su perfil inmundo,
y de que hasta en lo bello se distinguen,
salpicaduras de infamante lodo
que, aunque sécanse al fin, nunca se extinguen,
él se echó al cenagal en cuerpo y alma
y escéptico y riente, convencido,
se compró una patente de perdido,
rompió cruel de su virtud la palma,
tiró sobre unas brasas los fragmentos
y al ver subir el humo en espirales,
tanto fué su rubor, que avergonzado
esparció las cenizas á los vientos,
para que no quedaran ni señales,
ni vestígios siquiera,

ni átomo simple que recuerdo fuera
de aquella palma que arrojó al brasero...
y de la cual hoy dice el desdichado
que era, más que una palma, un sonajero.

II

Hastiado de Madrid, harto de bulla,
hizo un atillo con la ropa suya;
de los que le fingían más aprecio
se despidió con risa de desprecio
y á Filipinas emprendió el camino
llevando en la maleta
su buena credencial para un destino
que asegurase sus futuros días,
pues que no conservaba una peseta,
por que no le quedó de sus orgías.
　¿Cómo pasó el trayecto? ¡Dios lo sabe!
observador y descreido el hombre,
fué por los mundos como va la nave;
á cuanto vió le confirmó de nombre
porque no resultábale adecuado,
por encontrarlo todo falseado...
y por que así siquiera, entretenía
los muchos ratos que en holgar perdía:
¡de lo que más burlóse en el viaje,
fué de las trapisondas del pasaje!

III

Llegó... ¡y adiós ensueños! las ideas
que en su cerebro revistió con galas,
al ver que en realidad eran más feas,
las desechó de su magín por malas.
El, que se imaginaba Filipinas
un dechado de cosas peregrinas;
una gloria de Oriente
tapizada de flores aromosas,
recubierta de luz resplandeciente,
reventando de amores y de rosas,
emanando azahares,
brindando con delícias voluptuosas,
con goces á millares,
con relieves febriles,
con deleites á miles,
con pasiones sublimes y abrasantes,
corazones amantes
y mujeres hermosas...
solo halló—¡decepción!—en cada esquina,
un *bahay* con honor de madriguera,
un cercado sirviendo de porquera...
y una acéquia sirviendo de letrina:
vió entrár los carabaos en un estero
para refocilarse en la basura;

entró en un fumadero
y abandonó la estancia por impura:
vió familias enteras
descansando en sus tristes madrigueras
y hacinadas en tálamos inmundos;
vió la mujer descalza por el suelo,
libre y luciente el abundoso pelo
que exhalaba perfumes nauseabundos;
aquellos labios que soñó incitantes,
los encontró manchados y asqueantes,
y aquellas carnes que soñó preciosas, ,
las encontró costrosas....
Por eso dice el hombre que en Oriente
igual que en Occidente
el que busca un armiño en cada trecho
en lugar de un armiño halla un gazapo,
pues lo ideal al convertirse en hecho,
es como un pez que se convierte en sapo.

IV

¿Pero se acostumbró? ¡Quién lo discute!
él como todos se avezó á la escena
y aquella vida que encontró tan mala,
la hallaba ya mejor, aunque no buena.
Empezó á sonreír alegremente;
ya creía simpática la gente;

ya vió que el Archipiélago tenía
bellezas que al principio no veía.
　　Y una vez que de paso
por las provincias descubrió al acaso
una mujer indígena muy bella,
—¡quién dijere!—¡el escéptico, el «corrido»,
igual que un escolar, como un Cupido,
enamoróse locamente de ella!
　　La bondad de la joven era tanta,
que nadie lo soñara en la chiquilla:
era lista y sutil como una ardilla;
era toda virtud como una santa.
Su corazón, estaba en hermosura
á idéntico nivel que su figura;
su educación, su aseo y sus modales,
hacían de la isleña decantada,
una hermosa excepción, no imaginada
sobre estos territorios tropicales.
　　¿Y le correspondió? ¡Pues bueno fuera!
¡si el vividor la amó como una fiera,
ella le idolatraba con locura!

V

　　—¡Fíjate! ¿no lo ves?—le dijo un día
cuando se apercibió de que él dudaba
del amor que la joven le tenía; —

no puedo con tan rudas sensaciones;
¡si se me ve el cariño hasta en la boca!
¡si se me ve asomar hasta los labios
en medio de asquerosas expresiones
cuando me abofetean tus agravios!
¡si hasta me vuelven tus desprecios loca!
¡Mira si te querre, que si me odiaras
y familia tuvieras,
solo por que sufrieras,
haciendo con el fin de que penaras
vil manifestación de mis delirios,
¡hasta te mataría con veneno!
¡hasta echara á tu hermana por el cieno
y colmara á tu madre de martirios!!—
　　Entonces él, feroz, exacerbado,
cruzó con un bejuco su semblante;
la dejó con el rostro ensangrentado...
y se marchó ofendido y arrogante.

VI

. . . .
　—¡Tú aqui!—Dijo irritado todavia
al hallarla á su lado al otro dia
cuando se despertó; y ella llorosa,
en la mano besándole amorosa,
con tono suplicante y dolorido,

clamó mostrando su semblante herido:
—Vengo á que me perdones, y si acaso
de mi sentido ruego no haces caso
y pegarme prefieres,..
¡á que sigas pegándome si quieres!...—

VII

...Y él,—¡qué hermosa!—pensó;—se sacrifica,
desciende, me suplica
y sube al par con magestad de arcángel:
llora, se humilla, gime...
Ó es un perro, ó es un ángel;
pero de todos modos,... ¡qué sublime!

MAR DE FONDO.

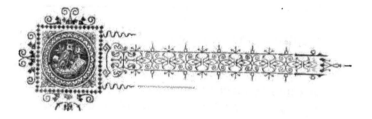

I

—¡Qué es eso! ¿te entristeces? ¡Voto á Brios!.
no solloces, encanto de mi alma!
¿que eres mestiza? ¡y qué! ¿por eso lloras!..
Bah, enjúgate ese rostro y esas lágrimas
y no haya más que nubes de sonrisas
en el hermóso cielo de tu cara....

II

Mira... no lo creerás; más es lo cierto
y te lo juro por mi madre amada,
que cada vez que veo que sollozas
se me hace un fuerte nudo la garganta,
que parece querer estrangularme
y ahogar mi vida entre congojas de agua...
¿Qué quieres? soy así; débil contigo,
igual que una criatura encaprichada;
me río si te ríes
y canto si tú cantas

y sufro cuando noto que tú sufres...
¡y reniego de mí cuando te enfadas!
Bah, bah... ¿qué eres mestiza! ¡y qué te importa!
¿és que te juzgas inferior, mi alma?
¿que sí? ¡embustera! ¡quita! ¿tú qué sabes,
si eres un angelillo por lo cándida!
¿no ves que al ser mestiza
es que llevas encima la ventaja
de reunir en tu cuerpo delicioso
todas las hermosuras de dos razas?
eres como la aurora, gloria mía;
sublime nube de arrebol, formada
con fulgores de día y con negruras
de noches amorosas y fantásticas;
¡ángel de coral negro hermoseado
con miles de partículas de nacar!
¡Boba!,... ¿y sigues llorando! pues mereces
ya que me martirizas con tal ansia,
que yo no enjugue con amantes besos.
como otras veces tu raudal de lágrimas.
¡Hola! ¿ya te sonries? ¡ah chiquilla,
que eres más rabiosuela y más ingrata,
que todas las ingratas que nacieron
y queden por nacer... ¿Pones la cara!
¡mimosa! ¿y qué dirías si en desquite
no te desagraviase por venganza?...
Pero, en fin, soy más débil y transijo;
¡bendita seas aun con ser tan mala!—

III

Y olvidando los dos la nubecilla
que su gloria nublaba,
se evaporó en el éter la dolora,
surgió el idilio... y penetró en la estancia
un Cupido muy bello y muy gracioso
riendo en argentinas carcajadas...
y poniendo dos ojos de malicia
que lucían de amor como dos áscuas.

IV

—Óyeme;—el español siguió diciendo,
mirando á las retinas de su indiana:—
me enamoré de tí, como un fanático
que sueña un ídolo y su sueño alcanza;
tú aceptaste confusa y ruborosa
todo el profundo amor que te brindaba
y me correspondiste en tal exceso
dándome tal pasión y dichas tantas,
que hasta me emborraché con tanta dicha,
como si el mucho amor emborrachara.
Desde entonces acá, ni un mal disgusto
ha entibiado el amor en nuestras almas;

al contrario, arraigóse en tal extremo
esta mútua pasión, que alguien pensara
que echó fuertes raices en nosotros
y que están las raices apresadas
con argollas de hierro indestructible
que en sus aros ensartan,
las venas de este corazón que tengo
y las fibras que tienen tus entrañas...
¡qué hermoso es nuestro amor! ¿no te parece?...
¡bendita sea una pasión tan magna!!
Oye; yo te aseguro, que en la vida
se habrá de marchitar mi pasionaria;
seguiremos amándonos lo mismo,
será otro paraiso nuestra casa...
y envidiarán los reyes mi fortuna,
las bellas golondrinas mi morada
y admirarán los ángeles del cielo
una felicidad que ellos no alcanzan...
seguiremos así; sin hacer caso
de miserias mundanas,
mofándonos del oro y del escéptico,
de todo el que no ama,
del sabio, del filósofo
y, para más burlar, del mundo en masa...
Seguiremos así; será un delirio
nuestra vida endiosada,
y si tenemos quien impugne el duo,
¡marche mucho con Dios quien lo impugnara!

V

Seguiremos así; y cuando la suerte
nos legue un hijo á quien querer con ansia,
imbuiremos en él, yo, mis afectos,
y tú, las hermosuras de tu alma...—
Ella se puso triste de repente,
bajó á los pies del novio la mirada
y con acento tenue y voz convulsa
y pensando en el hijo en que él pensaba
—¿y si sale un Rizál?— dijo á su novio
quien quedó como extático mirándola...

. . . .

Recobró él nuevo aplomo; lanzó fiero
sobre su bella amante una mirada
y cogiendo un cuchillo de la mesa
y aprisionándolo febríl con ansia...
—¿Un Rizál!—dijo airado;—si saliese,...
¡aún hay Guzmanes Buenos en España!

. . . .

VI

. . . .
. . . .

Qué es eso! ¿te entristeces? ¡Voto á Bríos!...

¡no solloces, encanto de mi alma!...
¿que eres mestiza! ¡y qué! ¿por eso lloras!...
¡Bah, enjúgate ese rostro y esas lágrimas...
y no haya más que nubes de sonrisas
en el hermoso cielo de tu cara!...—

LA SANTA PROFECÍA.

I

Jugando entre el boscaje,
contentos como risas,
gozando de las brisas
que al apuntar la aurora manaban del ramaje
como perfumes de él,
se hallaban Juan y Pura,
dos ángeles del cielo,
que por error de vuelo
llegaron á este piso de mágica hermosura,
de encantos á granél.

Los pájaros cantaban
bucólicos amores;
llamadas por las flores
'as lindas mariposas por el jardín volaban
con ansia de libár;
los jóvenes veían
bullir las mariposas
en vuelo entre las rosas...
y ansiosos y rientes, corriendo las seguian
queriéndolas cazar.

Mas era vano intento;
los mínimos alados
temiendo ser cazados
buscaban la defensa del amplio firmamento
al verles acudir,
y ya á cierta distancia
jugaban en la altura,
mientras que Juan y Pura
inútiles veían su anhelo y su constancia
é inútil persistir.

Por el frondoso monte
sus dichas esparciendo,
perdiéronse corriendo
sin ver que el nefelismo doraba el horizonte
de nubes de arrebol;
y cuando ya rendidos
en regresar pensaron,
su idea abandonaron
ante el calor que echaban los rayos encendidos
del esplendente sol.

Con ansia de frescura,
cansados por el juego,
hallando al fin sosiego
al dulce amor de un tronco que oculto en la espesura
brindaba á descansar,
cayeron abrazados
radiantes de alegría,
riendo todavía
las bromas alcanzadas, los juegos disfrutados,

la caza singular.

—Pura, ¿quieres que hablemos
como personas graves? —
Juan díjole — ¿tu sabes
el qué es ese cariño que todos nos tenemos
denominado «amor»?—
Y Pura, que en su mente
guardaba alguna idea,
—¿amor? ¿sabes qué sea? —
mirando á Juan ansiosa le dijo ingénuamente
con infantil candor;

y Juan, que ya sabía
tan bella asignatura,
riendo dijo á Pura
con cara maliciosa y aspecto de alegría:
—verás, te lo diré;
¿me escucharás con calma?
—Como se escucha un cuento.
—Así hablaré contento.
—A ver; ¿qué es lo que sabes de la pasión del alma?
—¡Ya verás lo que sé!

Amor, es un latido
de dulces sensaciones,
que encanta corazones,
que altera almas y cuerpos, que vibra en el sentido
no más que con latir;
y aquel que más reniegue
y aquel que más lo impugna
y aquel que más en pugna

con el afecto se halle, resulta que aunque niegue
     lo llegará á sentir.
       —El confesor me ha dicho
     que amar es un pecado;
     que Dios lo ha castigado,—
interrumpiole Pura— que no es más que un capricho,
     que no se debe amar...
       —Pues yo por las señales,
     ¡ay Pura, te aseguro,
     que aunque el amor no es puro
y aunque ello es un pecado, ¡son pocos los mortales
     que dejen de pecar!—
       Calló Juan un instante,
     quedó Pura pensando
     y el orador mirando
los ojos de la niña, su angélico semblante
     teñido de rubor;
       y deshojando flores
     con mano displicente,
     —verás—la adolescente
le dijo al hombre-niño;—verás lo que de amores
     me ha dicho el confesor:
       «No atiendas al que artero
     con frases engañosas
     te pinte como hermosas
las fases del cariño; recuerda á Dios primero
     y huirás del hombre vil;
     sus pretensiones deja,
     no escuches sus maldades,

que no hay tales verdades;
sé firme ante su llanto, ¡que ay de la pobre oveja
que no huye del reptil!»
—¿Eso te dijo?
—Exacto.
—Pues como yo te quiero,
pensando en Dios primero,
sepárate si gustas, apártate en el acto,
huye ya de mi amor.
—¡Oh no, que las bellezas
de amores que tú pintas,
son otras bien distintas!...—
-- y al ver á él sonriendo, se dijo:—Qué rarezas
nos dice el confesor...

II

—¿De veras que me quieres?
—¡Te adoro con locura;
no puedes darte, Pura,
idea de mi afecto; no saben las mujeres
como el hombre, adorar!
mas espero alma mía
que admires mi grandeza,
si sientes la belleza
de amor tan pasionario; ¡verás, si llega el día
que consigas amar!—
Y así los dos amigos

entre árboles umbrosos;
los aires quejumbrosos
teniendo en su poema como únicos testigos
que les pudieran ver,
sin dar á su memoria
más dulce pensamiento
que aquel de aquel momento
de dichas y de amores, de encantos y de gloria,...
¡radiaban de placer!

Cogió él las manos de ella
mal resistiendo Pura;
después por la cintura
la asió amorosamente mientras clamó la bella
—Ay Juan, qué haces de mí?—
Y Juan echando fuego
de amor por las retinas,
besó las purpurinas
mejillas de la joven en cariñoso juego,
clamando:—¡Ámame así! -

Y echándole á las brisas
resíduos de sus besos,
los ángeles traviesos
sin recordar más mundo libaban entre risas
almíbares de amor;
—¿qué piensas? ¿qué murmuras?—
Juan dijo; — ¿qué supones
al ver mis afecciones?
—¿Qué pienso?—díjole ella;—pues nada..; ¡Qué locuras
nos dice el confesor!—

III

Después... ¡quién adivina
lo que pasó! Los vientos,
murmuran con lamentos
al recorrer el bosque, mas nadie se imagina
lo que puedan decír;
        pero si al fin pudiera
mal explicarse Eolo
lo que él se entiende solo
y acaso declarara y alguno lo entendiera...
        ¡qué cosas iba á oir!
        ¿Duró el idilio acaso?
        ¡quién sabe! no es posible
sondar lo incognoscible;
Cupido es un voluble; Cupido es un payaso
con vuelos de mujer;
aquella niñería
con perversión de hombrada,
fué un trino, una volada;
fué el vuelo atolondrado de un ángel que caía
de pronto, al renacer.
        Por eso á poco Pura
cuando al volver del tajo
cansada del trabajo
pensando en su infortunio pasó por junto al cura
radiante de rubor,

sus tristes liviandades
maldijo exasperada
y. humilde y apenada,
la vista echando al suelo, se dijo:—¡¡Qué verdades
nos dice el confesor!!

¡PIEL DE ARMIÑO!

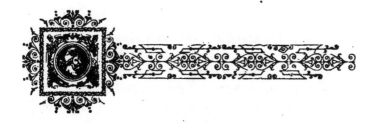

I

—¿Que porqué lloro, madre? ¡Vano intento
querer que te lo diga!
¡si yo no sé el origen
de las lágrimas mías!
¡son de alivio, de orgullo, de consuelo!...
De mis ojos destilan...
y si son tan amargas, es porque ellas
el dolorido corazón me limpian
de oleadas de penas y amarguras
que estaban en mi pecho contenidas,
¡cual si con recios diques de granito
se le pusiese un cerco en las orillas
al irascible mar!... Mi mar de penas
en marejada atroz se revolvía
y como las corrientes se encontraban
en solemne batida
las unas azotándose á las otras,
en su rabia inaudita,
con el cieno cogido de su fondo
desconchaban las perlas de la risca

y las enlodazaban... Mis virtudes,
ya ves á qué han quedado reducidas;
¡ellas que han sido de mi amor las perlas,...
resultaron manchadas de inmundicia!
¡Y qué horribles angustias!... Hubo instantes,
en que me quise hasta quitar la vida!
Si parece imposible,
si parece mentira
que existan almas que recubran dentro
tal hez, tal pus, tal virus, tal perfidia...
¡y no quieres que llore, si he triunfado,
si al fin me hacen justicia
y me quitan la afrenta
y el oprobio me quitan
y me dan la honradez que me robaron
y del nombre me arrancan el extigma
y del alma me sacan el infierno
y del rostro me enjugan la saliva?...
No lo puedo ocultar; es que los ojos
me lloran de alegría!..
¿No lo crees? ¡si son lágrimas de orgullo!
¿No lo ves?.. ¡si son lágrimas de risa!...

II

Tú que eres española y europea
y además madre mía,

oye y observa; apreciarás mi llanto;
oye y observa; apreciarás mi dicha:
  Cuando empezó la insurrección tagala,
—¡no puedes calcular!—¡sentí tal ira,
que quise haber tenido poderio
para pulverizar á Filipinas!
¡dióme asco, sonrojo, el movimiento
de esa impura legión de parricidas;
es igual que si yo, ruín y canalla
diese una bofetada en tu mejilla!
Rabioso, echando baba de coraje
pensé en hollar la insurrección indina
y esputé maldiciones contra ella
con tal fruición, que me atenuó las iras.
—Dejaré la carrera—pensé á solas;—
marcharé como todos á las filas
é iré á Cavite á combatir con ellos
audaz y altivo, hasta perder la vida...
¡Cuánto hubiera yo dado en ese instante
por no ser de Manila;
por no haber visto las primeras luces
sobre el impuro suelo de la isla!...
Pero .. escucha; verás;... ¡oh desengaño!
¡esto sí que es horrible, madre mía!...
Yo;... tu ilusión; .. tu hijo; este que guarda
sangre en sus venas de tu sangre misma;
este que ves aquí, que tiene á orgullo
juntar más honra encima
que todos los magnates europeos,

y eso con ser nacido en Filipinas;
yo que tengo tus propias afecciones
y un alma concebida
casi con los sublimes caracteres
de la tuya bendita,...
¡horror! ¡me ví acusado
como filibustero y parricida!;
—¡mienten!—grité cuando lo supe—¡infames!
quitadme esa ignominia!—
lloré, escupí, insulté á los que miraban
con estoicismo imbecil mi agonía
y con todas las súplicas posibles
imploré caridad, pedí justicia...
Solo el último ruego me faltaba
para que se apiadasen de la víctima;
mas no lo pude hacer: ¡me dió vergüenza
ponerme de rodillas! .
    ¡Tú no te puedes suponer, mi madre,
lo que me ha atormentado esa mentira;
desde entonces acá, todos apartan
de mis ojos la vista;
todos me tratan con desdén profundo,
todos rehuyen la palabra mía...
ó me lanzan miradas de desprecio
sin ver que cada una es una espina,
que se me clava adentro, en lo profundo,
que ya en la entraña se convierte en víbora,
que roe, que chupa y siega y lame y bebe
hasta quedar ahita,

después de haberme emponzoñado el alma
con su sangre mortífera!
¡Yo, yo acusado de traidor! . ¿Tú has visto
nunca una acusación de más perfidia?
¡yo renegar de España, de mi España! ..
¡de mi España bendita,
la que me dió su sangre,
la que me dió la vida,
la que me dió la ilustración que tengo,
la que me dió por gloria y por insignia
una enseña, una Historia y una Pátria
tan sublimes y dignas
que cuentan mas coronas de laureles
que todas las naciones reünidas,
la que me hizo cristiano y me hizo culto...
y me hizo racional!.. ¡qué apostasía!
¡Oh! no; ¿cómo iba á ser! ¡qué sacrilegio,
que vileza... ¡mentira!!....
¡Si cien vidas tuviera,...
diera yo por mi España las cien vidas!! –

III

Y así diciendo, se abrazó á su madre
que le colmó de besos y caricias ..
y que al beber el llanto de su hijo
percibió ella también que perlas líquidas,

caían sin querer por su semblante,
de sus pupilas negras desprendidas.
Él las iba embebiendo con los lábios
con ansiosa delicia,
cual si purificárse pretendiese
del sencillo pecado de.sus iras,
cogiendo en las pestañas de su madre
la redención divina,...
puesto que el llanto que las madres lloran,
es llanto excepcional, de agua bendita.
—¡Qué quieres! —continuó; —desde ese instante,
madre, no descansé; me parecía
que estaba ya maldito para siempre,
que ostentaba el extigma,
como una mancha negra, en el cerebro;
como una mancha roja, en la mejilla....
Si se trataba de pensar, de pronto,
pensaba en el baldón; mi idea fija;
si se trataba de soñar, soñando,
columbraba la mancha maldecida:
quise olvidar mi pena... y solo pude
recordarla más viva;
quise reir y en cambio, sollozaba;
quise cantar y á mi pesar,... gemía...
¡Madre, cuánto pasé! ¡solo la muerte
será más terrorífica;
nadie existió que como yo sufriera,...
ni es posible que nazca ni que exista!

IV

...¿Y no quieres que llore, madre santa,
hoy que la autoridad y la justicia
reconocen en pleno mi inocencia
y por España entera se publica!
¡si esto es providencial, si esto es divino!
¡si es tan genial mi dicha
que supera á lo atroz de mi deshonra!
¡si es mayor que mi extigma!...
    ¡Bendito Dios, mi madre! ¡Él y nosotros
solo entendemos la elocuencia mía!
lloro ... y lloro de gozo, con deleite,
con ansias infinitas....
.   .   .   .
¿No lo crees? ¡si son lágrimas de orgullo!
¿No lo ves?... ¡si son lágrimas de risa!....—

ÍNDICE

CPSIA information can be obtained
at www.ICGtesting.com
Printed in the USA
BVHW01s1553130218
508013BV00010B/124/P